AF198925

für Hermine,

für meine Freunde,

für meine Eltern

Christoph Stadler

Gefühlswelten

Licht und Schatten

www.tredition.de

© 2014 Christoph Stadler

Gesamtgestaltung: Christoph Stadler

Texte: Christoph Stadler

Titelfoto: Christoph Stadler

Verlag: tredition GmbH, Hamburg

ISBN: 978-3-8495-7698-1

Printed in Germany

Inhalt

Einblick (Vorwort)

Können Sie sich an den Anblick eines Sonnenfensters erinnern? Können Sie sich vergegenwärtigen, welche Freude Sie dabei verspürt haben, als der erste Sonnenstrahl sich nach längerer Zeit der Trübe allmählich durch die dichte, graue Wolkendecke gebohrt hat? Stellen Sie sich vor, wie augenblicklich heller Schein in Form einzelner darauf folgender Strahlen den Raum um Sie herum erleuchtet. Wie sich immer mehr und mehr Strahlen ihren Weg durch die grauen Wolkenschwaden rings um Sie herum bahnen. Spüren Sie, wie magisch jeder einzelne dieser Strahlen auf Sie wirkt? Welche Energie durch solch ein Lichtbündel plötzlich freigesetzt wird? Wie Sie von dieser Energie umströmt werden und wie Sie vollends darin aufgehen? Führen Sie sich vor Augen, wie sie genau diese Energie eines solchen Ereignisses in sich aufnehmen und speichern. Jeder Strahl – und sei es anfänglich nur ein einzelner, der durch den trüben Dauerschatten der Wolken hindurchtritt – bringt Ihnen neue Kraft. Er nährt Sie und gibt Ihnen Hoffnung. Er schenkt Ihnen Freude. Vor allem in schweren Zeiten sind genau solche Lichtblicke wichtig, um neuen Mut fassen zu können.

Die Zeit des Burnout und der Depression ist ohne Zweifel eine schwere, sowohl für die Person, die daran erkrankt ist, als auch für die Angehörigen und Menschen aus dem sozialen Umfeld. Für die im Zustand des Burnout/der Depression befindliche Person bedeutet diese düstere Lebenslage zumeist unsägliches Leid. Leid, welches sie Nahestehenden nicht in der Weise mitteilen kann, sodass diese es mit- oder nachzuempfinden imstande sind. Ein Leid, das sie sich selbst nicht erklären können woher es überhaupt kommt und warum es gerade sie trifft. Ein Leid, das manchmal von so einer Heftigkeit ist, dass sie sich in all ihrem Tun ohnmächtig fühlen. Ein Leid, das manchmal so heftig ist, dass die betroffene Person unfähig ist am alltäglichen Leben teilzunehmen. Genau diese schwierige, leidvolle Lebenslage verursacht auch bei Menschen aus dem Umfeld des erkrankten Menschen vermeintliche Ohnmacht und infolge oftmals Unverständnis für das Verhalten der ausgebrannten/depressiven Person. Angehörige, Freunde, Bekannte, Arbeitskollegen und -kolleginnen wissen oftmals nicht, wie sie sich ihr gegenüber verhalten sollen. Sie fühlen sich trotz ihres Bemühens um Verständnis zusehends von dieser ausgegrenzt und abgestoßen. Häufig fühlen sie sich hilflos, weil sie keinen Zugang zur Seelenwelt des schwermütigen Menschen finden. Gut gemeinte Ratschläge von Nahestehenden lassen dabei meist die Kluft zwischen ihnen und der ausgebrannten/depressiven Person noch größer werden. Mit diesem gesteigerten Distanzgefühl erhöht sich infolge auch der Leidensdruck für alle Beteiligten.

Ich habe mich selbst vor nicht allzu langer Zeit in den Zustand des Burnouts manövriert und bin an einer schweren

Depression erkrankt. Ich habe mehrere Jahre gebraucht, um dieses weite, tiefe Tal der Tränen zu durchschreiten und an der gegenüber liegenden, steilen Bergflanke wieder empor zu klettern. Dabei habe ich viele Schwierigkeiten und Hindernisse meistern müssen. Viele Hürden auf meinem Weg der Wiedergenesung wären jedoch gar nicht erst entstanden, wäre diese Krankheit Depression nicht noch immer so tabuisiert und mit diesen Stigmata der Abscheu, der (Kontakt)Vermeidung und der mangelnden Wertschätzung des erkrankten Menschen behaftet. Ich weiß nun, wie es sich anfühlt, wenn man im Schatten dieses Tabus der Depression kauert. Ich musste am eigenen Leib verspüren, wie medizinische Fehlbehandlungen mein Leiden verstärkten und verlängerten, weil Ärzte sich im Zuge der Behandlung zu wenig Zeit für mich nahmen. Ich habe am eigenen Leib verspürt, wie schlimm es sein kann, wenn seitens (sozialer) Institutionen kein Verständnis dafür aufgebracht wird, dass eine Krankheit wie eine Depression eine entsprechende Dauer zur Ausheilung benötigt und dass die volle Arbeits- und Erwerbsfähigkeit eben nicht wie nach einem grippalen Infekt schon nach zwei Wochen wieder gegeben ist. Und ich habe feststellen müssen, wie sich mit Fortdauer meiner Krankheit mir vormals nahestehende Personen sich immer weiter von mir entfernt haben, bis sie den Kontakt zu mir schließlich komplett abgebrochen haben.

Zwischen all diesen schwermütigen Schattenphasen ist jedoch immer und immer wieder, wie eben Sonnenstrahlen durch ein Wolkenfenster, Licht zu mir vorgedrungen. Sei es anfänglich in Form eines Antidepressivums, das „positiv gewirkt" hat, einer schmerzfreien Stunde, einem schmerzfreien Tag, einer lieben Geste, einem lieben Besuch an meinem Krankenbett, wieder ein paar Schritte gehen zu können, eine selbst zubereitete Speise zu essen, wieder eine kurze Strecke selber mit dem Auto zu fahren, ein paar Vögel am winterlichen Vogelhaus zu beobachten, eine fruchtbringende Psychotherapieeinheit zu haben, eine liebenswerte Person kennenzulernen, mich meiner Angst gestellt zu haben, ein Gedicht zu schreiben, mich neu zu verlieben, meine erste öffentliche Lesung unter Applaus absolviert zu haben, über eine mit Auszeichnung bestandene Prüfung auf meinem zweiten Bildungsweg bis hin zum ersten Arbeitseinsatz in meinem neuen Berufsfeld. Jeder dieser freudigen Augenblicke hat als Sonnenstrahl ein Quäntchen mehr Licht in mein damals so düster scheinendes Leben gebracht. Ein jeder Lichtstrahl hat mich ein kleines Stückchen weiter auf diesem mühsamen Weg hinaus aus dem Tal der Tränen gebracht.

Einige Situationen die ich vor, während und nach meiner depressiven Episode erlebt habe, habe ich in lyrischer Form festgehalten und einzelne davon in diesem Gedichtband in chronologischer Abfolge einen passenden Rahmen gegeben.

Mit diesen Momentaufnahmen möchte ich sowohl Personen, die sich in einer dieser schwierigen Lebenslagen befinden, als auch Außenstehenden Einblicke in meine damaligen Gefühlswelten geben.

Ich möchte Depressive dazu bestärken trotz aller Angst, trotz aller Schmerzen und Pein, trotz so mancher Schmach und etwaiger Unverständnisse aus ihrem Umfeld weiterhin an sich zu glauben und mit neuem Mut diese Krankheit zu überwinden, denn **diese Krankheit ist heilbar!**

Darüber hinaus sollen diese Gedichte Angehörigen und Freunden von depressiven Personen Blicke hinter das Gesicht einer Depression geben, die vielleicht für ein wenig mehr Verständnis für das Wesen dieser Krankheit sorgen können. Schließlich soll dieser Gedichtband auch an die Allgemeinheit gerichtet sein und dazu beitragen, dass diese Erkrankung, bei der Körper, Geist und Seele leiden und von der so viele Menschen betroffen sind, enttabuisiert und ein wenig besser verstanden wird.

Danke!

Mit jedem noch so zarten Sonnenstrahl
dringt Licht in meine fahle Welt.
Siehst du, wie er mich erhellt?
Er bringt Freude in mein Tränental.

Ich danke dir,
dass du ihn hoffnungsvoll zu mir her lenkst,
dass du mich liebevoll mit ihm beschenkst!

Ein jeder noch so schlanke Schein,
als Wink und Deut erfreut er mich;
er färbt mein Antlitz zutraulich
und lässt mich etwas fröhlich sein!

Ich danke dir,
dass du den Gram in mir zerstreust
dass du damit mein Herz erfreust!

Licht und Schatten

zwei Kerzen (Intro)

Zwei Kerzen erhellen dieses dunkle Zimmer,
leise Musik ertönt im sonst ganz stillen Raum.
Es kommt Leben auf durch Kerzenschimmer,
die Geräusche der Straße vernimmt man kaum.

Völlig unberührt vom Rhythmus alter Lieder
lodern die Flammen als wär´n sie frei;
sie brennen hell, geben sanfte Wärme wider,
doch beim geringsten Lufthauch sind sie scheu.

Stumpfe Schatten erscheinen an der Wand,
sie verweilen lange, bewegen sich kaum,
werden nicht mehr als Dinge erkannt.

Leise Musik ertönt im sonst ganz stillen Raum,
noch immer spenden zwei Kerzen hellen Schimmer;
bringen Leben ins dunkle Zimmer.

purpurfarb´ner Augenblick

Purpurfarb´ner Augenblick – verkannt;
rasend schnell so fegtest Du vorbei,
erregtest hellstens meine Sinne – setzt sie frei;
hast zu deren Meister mich ernannt!

Zum Meister meiner Sinne – nahezu –
doch trübt der Schein mein fröhlich sein?
Gedacht geliebt, so frei – so frei und makelrein;
Purpurfarb´ner Augenblick – bleibest Du?

Wiegst mich rege – ohne Halt,
hältst kurz inne – weichst Du mir?
Zeigst mir zuseh´n´s mehr Gestalt;
sag´ mir – bleibst Du hier?

An meiner Seite hier verweile nur!
Nah´ Dich greifen, nah´ Dich spür´n,
nah´ Dich fühlen, kurz verführ´n!
Purpurfarben – dennoch stur?!

das Spiel

Verwirrung der Gefühle –
kein Gedanke scheint mir klar,
heftig tobt ein Rhythmus, hallt durch meinen Kopf.
Schöne Gedanken – hier, in mir – so wunderbar!

Unbeschreiblich dieser Augenblick in Deinem Banne,
vernehme nichts mehr sonst in diesem Raum,
nicht ein Blick erfreut sich einer Flamme;
Momente gestalten sich zum Traum.

Meine Augen zeigen deutlich mein Verlangen,
prickelnd fühle ich die Wärme Deiner Haut;
Blicke – bereit um sich zu fangen;
Dein Herz – es tönt so laut!

Zittern durchdringt den ganzen Körper,
zart verspüre ich die sanften Züge Deiner Haut,
höre Dein Verlangen – es wird stärker;
Dein Herz – es schlägt so laut!

Spiel der Gefühle, Spiel der Triebe,
zärtlich berührt mein Körper Deine Haut
Spiel des Verlangens, Spiel der Liebe,
Dein Herz – es hämmert laut!

Gefühlswelten – Licht und Schatten

Ungebändigt – Reich der Sinne;
vereint – Erfüllung liegt so nah!
Regung – bleib, so halte inne!
Erlebter Traum – so bleib, bleib da!

wahre Liebe, Fügung – Spiel?

Mein Pulsschlag, fühlbar viel zu hoch;
Spür´ ein Beben in mir drin!
Vermiss ich Dich nun doch?
Was kommt mir alles in den Sinn?!

Gedanken flehen stets einher,
kreisen wirr im Kopf herum,
machen meinen Körper schwer,
kehren all die Freude um.

Momente zuvor – wie leicht doch alles war,
als ich in Deinen Armen lag,
erkannte mich in Dir so klar;
wie schnell sich alles ändern mag!

Zurück zum Jetzt – verderbe ich?
Vermag nichts Schönes wahrzunehmen!
Alles kommt so heftig über mich;
wie lange wird Dein Nein mich grämen?

Wie falsch ist es, sich abzulenken?
Stumme Bilder in die Wand zu schneiden?
Unaufhörlich trist zu denken?
Die Hoffnung in den Mensch zu meiden?!

Gefühlswelten – Licht und Schatten

Ich verlang´ nach Dir – bin ich entrückt?

Entzückt von Dir sogar im Traum;

verliebt, kaputt, mein Sein missglückt?!

Ist´s am end ein Spiel? – wohl kaum!?

Trennung

Mein Herz, es pocht wie wild in meiner Brust,
dumpf vibriert sein Echo durch die Adern.
Mein einziger Gedanke: „Ich hab´s gewusst!"
Kann ich mit meiner Liebe hadern?

Jeder Gedanke an Dich zersetzt mich mehr,
verschlingt ein großes Stück vom Leben,
wo Fülle war, ist´s gellend leer,
wo Ruhe war, herrscht jetzt ein Beben.

Mein Herz war stets voll Glück, wenn es Dich sah,
doch nun umhüllt es tiefe Traurigkeit;
mein Herz war immer für Dich da,
wo Freude strotze, thront jetzt Leid´!

Als ich zum letzten Male vor Dir steh´,
hast Du mir meinen Halt geraubt!
Ich bin erschüttert, wenn ich zu Dir seh´,
denn ich hab´ an Dich geglaubt!

Mein Herz umgibt ein dunkles Meer von Tränen,
doch dem zum Trotz, ich kann nicht Weinen;
möcht´ mich noch einmal an Dich lehnen,
ein Funken Hoffnung würd´ erscheinen.

Gefühlswelten – Licht und Schatten

Fühl' mich verloren ohne Dich!

Hast mir den Sinn im Sein genommen!

Du gehst hinfort – und wo bleib' ich?

Bin doch aus Liebe hergekommen!

Mein Herz, es wurd' entzwei gerissen;

nie zuvor verspürt' ich solchen Schmerz;

doch mein Verstand, er hält dagegen,

er dringt jäh durch, verdrängt mein Herz!

Sehnsucht

Meine Haut, sie duftet nach Dir;
meine Lippen schmecken Dich süß und rein.
Ich rieche Dein Haar – zart und lieblich – so fein!
Allein – Du bist nicht mehr hier!

Fühl' es ganz deutlich, wie Du Dich an mich schmiegst,
wie Deine Finger die meinen berühr'n;
vermag das Samt Deiner Haut zu spür'n,
wenn Du hingebungsvoll in meinen Armen liegst.

Mein Herz schwelgt in jedem Moment mit Dir,
genieße, wie Dein Kopf an meiner Schulter lehnt,
fühle, wie meine Stirn sich liebend nach der Deinen sehnt!
Allein – Du bist nicht mehr hier!

Lausche aufmerksam dem Odem, der uns eng verbindet;
spüre, wie er tief in uns're Körper dringt,
wie er intensives Leben bringt.
Höre, wie mein Herz das Deine findet!

Mein Herz, es wiegt sich eins mit Dir,
schlägt für Dich in Deinem Klang;
verlangt nach Dir – spürst Du diesen Drang?
Allein – Du bist nicht mehr hier!

Gefühlswelten – Licht und Schatten

Du bist der Balsam, der meine Seele heilt,
wenn sie die Traurigkeit umhüllt.
Du bist der Mensch, der sie mit frischer Freude füllt,
Du bist der Mensch, der Liebe mit mir teilt!

Jeder Augenblick, er scheint so wundervoll mit Dir;
bin wohlig erwärmt durch Dein ewiges Strahlen.
Mein Herz, würd´ gerne uns´re Zukunft malen!
Allein – Du bist nicht mehr hier!

Einsamkeit

Stille, sie umgibt mich beim Erwachen,
Beängstigend—sie fasst mich an der Hand,
unruhig fixiert mein Blick die kahle Wand.
Es ist die Einsamkeit, sie lässt mich nicht mehr lachen!

Ein stummer Schrei versetzt mir diesen Stoß,
ich versuch' zu flieh'n – sie schnürt mich eng,
sie hält mich zurück, greift hart, bleibt streng,
sie lässt mich einfach nicht mehr los!

Fülle wird zurückgedrängt von Leere,
nur die Hülle besteht dem kalten Guss;
die Einsamkeit, sie wird zum Speere
und trifft mein Herz mit Überdruss.

Ein jeder Schritt - er hallt im Raum,
doch wird er nur von mir vernommen,
denn diesen Pfad, den hab' ich ganz allein genommen.
Ich wünscht' die Einsamkeit, sie wäre nur ein Traum!

Meine Wegbegleiter, wo seid ihr hin?
Vermisse euch, mein Pfad ist karg.
Bei jedem Schritt kommt mir mein Leben in den Sinn.
Welch' Fülle sich darin verbarg!

Gefühlswelten – Licht und Schatten

Fühl' mich allein – gefangen hier in dieser Weite,
seh' die Sonne hinter Wolken nicht.
Mit Sehnsucht harre ich nur jenes Tages Licht,
an dem ich Dich auf uns'rem Weg begleite.

mein Winter

Wie lange mag es draußen wohl schon schnei´n?
Hab´ jeglich´ Sinn für Zeit vergessen;
wie lange hab´ ich hier gesessen?
Vermag es nicht zu sagen – könnt´ Stunden sein!

Als ob ein Verwirrspiel, so kreisen diese Flocken
völlig durcheinander zu einem Weiß hernieder –
doch der weiße Saum, er wirkt so bieder;
ich wollt, ich könnt´ wie einst frohlocken.

Bin mittendrin im winterlichen Reigen,
sein Treiben scheint mir dennoch fern´ -
schaut einst die Pracht so liebend gern´ -
warum nur will mein Herz jetzt schweigen?

Wodurch hab´ ich es so verletzt?
Warum will´s nicht mehr fröhlich schlagen
wie noch an jüngst vergang´nen Tagen?
Wie hab´ ich es nur so verletzt?

Behäbig taumeln große Flocken nieder,
verklären dieses winterliche Treiben.
Wie lange wird mein Winter bleiben?
Wann glitzern all die Farben wieder?

Gefühlswelten – Licht und Schatten

Eisiger Frost, er fährt mir durchs Gebein,
lässt mich regungslos erstarren,
ich kann und will nicht weiter harren!
Warum nur kann ich nicht mehr fröhlich sein?

Muss müde hier am Fenster kauern,
mein Blick ist stumpf, mein Antlitz fahl,
nicht nur draußen ist das Leben kahl.
Wie lange wird mein Winter dauern?

überlastet

Hab´ mich grausam überlastet – über lange Zeit – und
ziemlich heftig,
mein Einsatz war hart, zu hart, viel zu hart und viel zu
kräftig!
Um hier zu besteh´n, müsst´ er noch härter, vielfach härter
sein!
Ich weiß, ich kann nicht mehr! Warum nur sag´ ich niemals
NEIN?!

Bin völlig erschöpft vom Tragen all der Last,
ausgelaugt von dieser ständigen Hast
die Dinge noch irgendwie zu Recht zu biegen!
Kann ich in dieser Mühle jemals siegen!

Bin am Boden zerstört von steter Hetze nach dem Rechten,
vom Druck, bestehende Urteile noch weiter anzufechten,
vom Kampf gegen aussichtslose Dinge,
die ich nie und nimmer niederringe!

Unheil bricht just in meine Welt herein,
ich kann nicht mehr, bin hier allein!
Bin am Ende meiner Kräfte,
mein Körper – leer, leblose Säfte.

Gefühlswelten – Licht und Schatten

Hab´ mich aufgeopfert für die falschen Ziele,
war die Marionette in diesem trügerischen Spiele,
bei dem ich niemals selbst die Fäden zog
und mich selbst die ganze Zeit belog´!

Wurd´ hier regelrecht im Stich gelassen!
Wofür all mein Tun? – ich kann´s nicht fassen!
Wurde schamlos ausgenutzt,
zum Verbrauch geformt, zurechtgestutzt!

Bin verbraucht, hab´ mich ständig nur belastet,
hielt niemals inne, hab´ nie gerastet;
wollte immer nur mein Bestes geben
und vergaß dabei komplett „zu leben"!

Mag mich nicht mehr in den Spiegel schau´n;
und tu´ ich es, kommt mir das Grau´n
vor all der Schmach, die ich mir angetan,
während all der Zeit – von Anfang an!

Hab´ nächtelang kein Auge zugetan,
habe Angst, ich könnte diesen Wahn
am Ende gar nicht mehr verlassen
und nie mehr Fuß im Leben fassen.

Gefühlswelten – Licht und Schatten

Schlafen? – Schlafen kann ich schon lang´ nicht mehr,
von überall kommen ständig neue Sorgen her;
weiß nicht, was ich noch alles machen soll,
ich bin so leer, mein Maß ist voll.

Kann diesen Druck nicht mehr ertragen,
jeder Augenblick, er lässt mich fragen:
„Welch´ Pein! Wie lang´ ertrag´ ich diesen Schmerz?
Wie lange noch? Wie lange schlägt mein Herz?"

Seh´ mich schon hier am Boden kriechen,
jämmerlich aus meinem Leben siechen!
Ich seh´ mich IHM entgegen winden!
Wenn ER mich hat, wer wird mich finden?

Jeder Atemzug – unendlich schwer,
durch meine Stirn dringt kalter Schweiß, mehr und immer
mehr,
benetzt in Strömen mein Gesicht,
trübt allmählich meine Augen, nimmt mir Licht!

Kann fast nicht atmen, zugeschnürt der Hals, die Brust ist
eng,
just ein Schmerz in der Brust – zuerst leicht, dann streng;
mein Herz rast laut, rast immer schneller;
jeder Laut im Ohr lärmt immer greller!

Gefühlswelten – Licht und Schatten

Plötzlich wird mir furchtbar heiß,
mir stockt der Atem, stockt der Schweiß,
Alles beginnt sich rasch in mir zu dreh'n,
ein Stechen im Herz, kann fast nichts mehr seh'n!

War's das?

War das schon mein ganzes Leben?

Schon im Fallen – kann ich noch diesen Tisch ergreifen,
meinen Körper hin zu dieser Lade schleifen
in der meine letzte Hoffnung liegt,
der Funke, der die Übermacht besiegt?!

...

Jahre hat's gedauert, doch ich habe SIE besiegt!
Ich weiß nun, wie viel EIN Funke wiegt!
...und es wird immer einen Funken geben,
nach dem es sich lohnt zu streben!

unendlich müde

Bin müde – unendlich müde, ausgelaugt,
allein es hilft nicht auszuschlafen,
mein Lebensgeist – wie abgesaugt,
als wollte man mich hart bestrafen!

Bin kraftlos – bis in meine letzten Glieder!
Schon der kleinste Schritt bereitet Sorgen,
Gedanken der Verzweiflung lassen sich hernieder.
Wann wird es endlich besser? –
Oh ewiges Warten auf morgen!

Manchmal spür´ ich meine Arme kaum;
wie taub – so baumeln sie dann an mir;
meine Beine schmerzen wie im schlimmsten Traum;
allein es ist kein Traum – mein Leid ist hier!

Unbeschreibliche Schmerzen, die im Nacken haften,
strahlen von dort nach überall!
Wie lange muss ich diese noch verkraften?
Will endlich raus aus diesem Jammertal!

31

Gefühlswelten – Licht und Schatten

Bin müde – schon seit langer, langer Zeit;
geknickt von all den großen Bürden;
erschöpft von meiner Vergangenheit
mit viel zu hohen Hürden!

Hab' sie alle gemeistert – mit Bravour,
doch in Summe war'n sie mir zu viel!
Bin arg gezeichnet von dieser Tortur,
vom ständigen Drang nach dem schnellsten Weg ins Ziel.

Bin müde – hab' mich stetig überlastet!
Hab' mich selber in die Knie gezwungen
und bin am Leben lang' vorbeigehastet;
Hab' es schon im Entstehen niedergerungen!

Bin müde – unendlich müde, ausgebrannt!
Wann kehrt die Kraft endlich zurück in mein Leben?
Ich weiß, ich hab' so manchen Weg zum Ziel verkannt,
wollte alles erfüllen, wagte es nicht aufzugeben!

Welle der Angst

Dunkel ist ´s um mich herum,
die Nacht dringt dicht zu mir herein;
´s ist viel zu früh, um wach zu sein!
Draußen liegt noch alles stumm.

Lausch´ meinem Atem, wie er sich zögerlich zu mir bemüht,
um gleich darauf fast kläglich zu entweichen,
um in zwei Strömen verbraucht über meine Brust zu strei-
chen.
Über diesen Fleck hinweg, der förmlich glüht,

weil mein Herz schon länger viel zu heftig schlägt.
So heftig, als würd´ es mit dem Atem ringen.
Jeder Schlag will tiefer in den Körper dringen
in Form dieser fürchterlichen Welle,
die Furcht und Angst mitträgt.

Ich spüre SIE, wie SIE ihren scharfen Kamm nach mir streckt.
SIE beginnt mich langsam einzunehmen,
will mich und meine Sinne lähmen
und hat bereits mein Herz bedeckt.

Gefühlswelten – Licht und Schatten

Fühl' mich gefangen in ihrem dunklen, tiefen Tal,
hier wird mein Flehen wohl vergebens hallen;
bin ich des Nächtens hier herabgefallen?
Es wäre nicht das erste Mal!

SIE hat mich wieder 'mal im Schlaf erwischt,
mich mit ihrer List und Tücke überfallen,
nun wird SIE all die Kräfte ballen,
Ohren betäubend gellt schon ihre Gischt,

Ihr Schwall lässt wahrlich meinen Atem stocken!
Bringt mir pure Angst, lässt mich langsam untergeh'n,
lässt mich zittern, lässt mich fleh'n,
bis SIE mich gänzlich zugedeckt – nichts bleibt trocken!

Aber warum? – Was ist der Grund?
Warum ist mir denn so Angst und Bang?
Was der Grund, für meinen Untergang?
Wie komm' ich raus aus ihrem Schlund?

Zu viele, tiefe Schläge galt es einstmals einzustecken.
Sind 's die, die meine Angst entfachen,
die mich so schwach – und SIE so mächtig machen?
Ich weiß, ich darf mich nicht vor IHR verstecken!

SIE lässt mich vor meiner Zukunft bangen;
betäubt meine Sinne auf meinem Weg voran,
zu viel scheint ungewiss vom HIER ins DANN!
Lässt SIE mich je ans Ziel gelangen?

in den Fängen der Dunkelheit

Trüb getönt zieht rasch der Tag hinfort,
weicht gnadenlos dem Reich der Nacht.
…und er? Er führet sie, geleitet sie an meinen Ort!
Er, der Fürst …; hörst du, wie er gellend lacht?

Hörst du, wie er seine Krallen wetzt,
siehst du, wie rasch er seinen Mantel breitet?
Spürst du, wie er seine Meute hetzt?
Wie er immer näher schreitet?

Mir schaudert vor den Fängen über mir,
ängstlich versuche ich vor ihm zu flieh´n.
Nimmst du ihn wahr? – Er ist schon hier!
… beginnt seinen Mantel über mich zu zieh´n!

Ohne Sinn scheint just jeder Moment,
schier endlose Trauer umhüllt mein leeres Herz.
Mein Herz, es weint, mein Herz, es brennt!
Warum nur fühl´ ich diesen tiefen Schmerz?

Kraftlos versuche ich mich ihm zu stellen,
streck´ ihm entgegen meine Faust,
doch er, er lässt sein Lachen nur noch lauter gellen.
Oh düst´re Leere, … wie mir vor dir graust!

Gefühlswelten – Licht und Schatten

Mein Kampf, er scheint gar aussichtslos verloren,
die Sinne sind schon längst betäubt.
Er hat sich mich als Opfer auserkoren!
Welch´ Macht, dass sich mein Wille sträubt!

Selbst mein Wille, der sonst allzeit trotzt,
der Fürst, er lässt ihn ohne Gnade bangen.
Er ringt ihn nieder, knechtet ihn und protzt.
Ich bin in den Fängen der Dunkelheit gefangen!

Depression – kurz umrissen

Bin dauernd gehetzt,
hab meine Sinne betäubt;
hab´ mein Herz verletzt,
mich gegen mein Leben gesträubt!

Hab´ meine Gefühle betrogen,
nichts ist mehr im Lot!
Hab´ mich selber belogen,
mich mit steter Last bedroht!

Werd´ weiter hinab gezogen,
bin abgrundtief traurig,
trüb´ und dunkel die Wogen,
alles grau und schaurig!

Scheine hilflos verloren,
bin stets peinlich berührt,
warum wurd´ ich hier auserkoren?
Fühl´ mich vom Schicksal gekürt!

Bin tief verzagt,
unglaublich leer,
hab´ ich versagt? –
Glaub´ –ich kann nicht mehr!

Oh Du kalte Welt,

meine Angst, sie sitzt so tief,

werd´ ich je wieder erhellt?

Bin so depressiv!

Wann kommt sie endlich, die Erfüllung?

Frustriert – verzweifelt steh' ich ihm gegenüber,
ihm, meinem unerfüllten Tag.
Ich must're ihn, doch klage nicht darüber,
egal, wie leer er auch erscheinen mag.

So viele meiner Wünsche schaffen 's gar nicht bis zur Blüte,
welken dort an jenem Ort, wo sie einst so sehnlich sprossen
und obwohl sich jeder Wunsch hin zum Gedeih'n bemühte,
scheint wieder mal der Saft zum Tun verflossen.

So fristet mein Tag früh wieder kärglich weiter,
und ich frustriert – verzweifelt gegenüber,
denn kaum scheint etwas Hoffnung mein Begleiter,
zieht schon wieder dunkler Schatten d'rüber.

Dieser wird mein Weiter-Tun nach Wunsch verhindern,
mir wieder meine Kräfte rauben,
mir abermals die Freude mindern.
Er raubt mir Tag für Tag ein wenig mehr vom Glauben,

lässt mich gesenkt zum Boden starren,
anstatt mein Haupt empor zu heben.
Dieser Schatten, er lässt mich duldend harren
anstatt mir mehr von diesem Tag zu geben.

Aber:

Vielleicht brauchen meine Wünsche ja dieses ganz
besond´re Morgen,
um meinen Tag mit sattem Grün zu füllen.
Werd´ mich wohl auch weiterhin mit Trost versorgen
und jeden Wunsch in seine Zeit einhüllen.

der erste Schritt

Am Anfang steht der Wunsch, der Wunsch Dich zu
verändern,
er liegt wie ein Schatten über Dir, gleicht einem roten Tuch
mit schwarzen Rändern,
er plagt Dich, quält Dich, raubt Dir die Geduld,
er lässt Dich nicht mehr schlafen, gibst ihm daran die Schuld.

Er stiehlt Dir Deines Tages Ruh´,
schnürt Dir Deine Sinne zu.
Er knebelt Dich, nimmt Dir Deine Lebenslust
und Du grübelst nur, versinkst im Frust

Du siehst nur, wie leicht bei andern alles geht,
hältst Dir vor, wie trist es um Dich steht,
anstatt den ersten Schritt nach vorn zu geh´n
und Deinen Wunsch in Deiner Tat zu seh´n!

Am Polster der Gewohnheit täuscht das Ruh´n,
nur ein bisschen Mut brauchst Du zum Selber – Tun.
Fass das Ziel, schau´ Dich dies erreichen!
Fass all Dein´ Mut, lass Argwohn weichen!

Gefühlswelten – Licht und Schatten

Nur steter Schritt bringt Dich ans Ziel,
das Um- und Auf: Verlang´ nicht Viel!
Beginne Deine Reise
mit einem Schritt – ganz leise!

Und tue diesen nicht zu lang´,
nimm Dich zurück, üb´ Müßiggang,
hör auf Dein Gefühl beim ersten Schritt,
es gibt Dir Halt und Sicherheit im Tritt!

Ist erst mal dieser Schritt gemacht,
hast Du den größten Schritt vollbracht,
den Schritt, der wirklich wichtig ist,
nach dem Du schon woanders bist.

Mag er Dir auch noch so unbedeutend scheinen,
er bringt Dir Veränderung zum einen,
wird Dir zum and´ren jenen Weg bereiten,
für Deinen nächsten Schritt, den Zweiten.

Schau´ nicht zurück, auch wenn´s verlockt,
nur weil noch irgendwo Gewohnheit hockt;
geh´ in Deinem Tempo stets voran,
mit Geduld und Mut ist auch Dein nächster Schritt getan!

Gefühlswelten – Licht und Schatten

Und ist Dein Aufstieg noch so streng,
die Aussicht trüb, die Hoffnung eng,
dreh' Dich nicht um, weil's abwärts leichter ist,
bereue nicht, dass Du hier her geklommen bist.

Wenn's allzu steil, dann raste, halte inne,
atme tief durch, hör' auf Deine Sinne;
sie werden Dir ein Zeichen zum nächsten Aufbruch geben,
das Zeichen zu steter Veränderung in Deinem Leben!

aus der Spirale

Bin schon weit empor geklommen,
mit letzter Kraft – entgegen ihren Sinn;
sie hat mich unlängst mitgenommen,
ich wusste lang´ nicht, wo ich bin.

Sie zog mich hinab in ihren Schlund,
ich weiß es nicht - wann hatte es begonnen,
wann ging es abwärts Richtung Grund?
Wann war mein Leben mir entronnen?

Fühlt´ mich allein am Weg nach unten,
obwohl - ich war niemals allein!
War ich schon im Zentrum drunten?
Kann mein Leid die Wahrheit sein?

Hinterließ im Kreisel meine Spur,
ganz deutlich ist mein Drift zu seh´n.
Wo seid ihr meine Helfer – wo bleibt ihr nur?
Lasst mich nicht noch mehr fleh´n!

Nur ein Hauch trennt mich von dieser Mitte,
keinen Schritt entfernt vom roten Schlund,
doch ihr erhörtet meine Bitte,
vernahmt das Fleh´n aus meinem Mund!

Gefühlswelten – Licht und Schatten

Euch gelang es mir die Hand zu geben,
eure Nähe, sie gab mir diesen Halt,
um mich von dort empor zu heben;
mich loszureißen – hinfort aus ihrer Gewalt.

Ihre Gewalt sie ließ mich ohne Gnade leiden,
sie lehrte mich Angst, bescherte mir Qual,
ließ mich sogar die Hoffnung meiden;
Sie war es, die mir meine Freude stahl.

Im rechten Augenblick, als ich euch brauchte,
durfte ich auf euch vertrau´n,
als ich vom Leben immer tiefer untertauchte,
konnt´ ich auf eure Liebe bau´n.

Ein Anstoß hier, ein Wörtchen da,
gab mir mehr Sicherheit im Tritt,
selten ward´ ihr mir so nah,
gabt mir Mut zu meinem nächsten Schritt.

Beweg mich nun stetig hin zum Rand,
doch der Weg hinan ist schwer,
er ist steil und bedeckt mit feinem Sand,
zwei Schritt nach vorn´, einer zurück, der Dritte leer.

Gefühlswelten – Licht und Schatten

Vorbei zieh´n längst vergang´ne Tage,
lagen tief im Innern - geheim verborgen,
im Hier stell´ ich mir nicht die Frage
nach dem „Warum" in alten Sorgen.

Bin schon weit empor geklommen,
mit letzter Kraft – entgegen ihren Sinn,
sie hat mich unlängst mitgenommen,
doch ich weiß jetzt, wo ich bin.

Ihr Rand, er scheint zum Greifen nah´,
da wo es hell wird, will ich hin.
Seht meine Spur, wo ich schon war
und staunt, wie weit ich heute bin!

Ich werd´ noch weiter sie erklimmen,
mit aller Kraft – entgegen ihren Sinn
und keinesfalls mehr mit ihr schwimmen,
denn ich will wissen, wer ich bin.

Geduld

Gib der Zeit ihre Zeit,
versuch´ nicht Dein´ Tag zu überstürzen.
Nicht immer hilft Dir Dein Entscheid,
Deine Wege einfach abzukürzen.

Gib der Zeit ihre Zeit,
nicht alles klappt von heut´ auf morgen.
Harre aus, übe Dich in Achtsamkeit,
den Rest, den wird die Zeit besorgen.

Gib der Zeit ihre Zeit,
oftmals hilft das In-sich-geh´n.
Dein Gefühl gibt Dir alsbald Bescheid,
hilft Dir auch Schlimmes durchzusteh´n.

Gib der Zeit ihre Zeit,
lehn´ Dich zurück, genieße das Warten.
Wenn Dein Herz Dir sagt: „Es ist soweit!",
kannst Du mit Mut zu Neuem starten.

Gib der Zeit ihre Zeit,
denk´: „Jedes gute Ding braucht Weile!",
durch Hetzen bist Du nicht vor Schmach gefeit
und auch Fehler kommen meist durch Eile.

Gefühlswelten – Licht und Schatten

Gib der Zeit ihre Zeit,
Du brauchst nicht alles auf der Stelle.
Auch wenn Dich mancherlei entzweit,
überlege Wohl, entscheide helle.

Gib der Zeit ihre Zeit
und lerne zu erwarten.
Nicht alles steht für Dich bereit,
Selbstverständlichkeit hat schlechte Karten.

Gib der Zeit ihre Zeit,
lern´ der Dinge Wert zu schätzen.
Übe Dich in Dankbarkeit,
das Gegenteil kann leicht verletzen.

Die Zeit braucht ihre Zeit
und Du brauchst sie, um Dich bedächtig zu entfalten.
Sie hält so viel für Dich bereit,
um mit Dir Dein Leben zu gestalten.

Die Zeit braucht ihre Zeit!
Sie ist die Basis für Dein Leben.
Gibst Du ihr ihre Zeit,
wird sie Dir wahre Fülle geben.

vom MUSS zum WILL

Ich will wieder Herr über meinen freien Willen
und nicht mehr Knecht des Müssens sein.
Ich ertrage es nicht länger, diesen Zwang in mir zu stillen,
zu schwer ist meiner Mühle Stein.

Ich bin schon viel zu lang dem Drang erlegen
tagtäglich Dinge tun zu müssen,
anstatt vielleicht einmal mich selbst zu hegen;
bin ich rastlos dagelegen, hilflos, diesem Drang zu Füßen.

Egal, wie lang der Weg, wie hoch die Hürden,
ich bin ihm ständig hinterher gestiegen,
auf meinen Schultern dieser schwere Sack mit Bürden,
hab´ verdrängt, wo meine Wünsche liegen.

Den Berg der Freiheit hab´ ich nie erklommen,
nachdem ich durch der Bürden Last erdrückt.
Bin an statten zwanghaft in ein Tal gekommen,
wo man mich mit engen Fesseln schmückt.

Gefühlswelten – Licht und Schatten

Fühl mich hier im dunklen Zwang des MUSS gefangen,
von seiner gnadenlosen Knechtschaft schmerzerfüllt
geprägt.
Ich will wieder hin zum klaren Licht gelangen,
alsdann mein Herz ganz losgelöst in Freiheit schlägt.

Ich will meine Fesseln genau mit der Erkenntnis sprengen,
dass diese Zeit des MUSS schon längst vergangen.
Kein Gedanke darf mich jemals wieder drängen
und von mir ein Tun aus Zwang verlangen!

auf der Suche nach der Grenze

Nichts ist mehr so, wie's früher war,
als ich noch dieses Glück empfand;
ein jeder Schritt, er schien mir damals klar,
doch jetzt – ein jeder Tritt bringt mich auf neues Land!

Neues Land, es öffnet sich zu unbekannter Weite,
wage nur sehr zögerlich, den nächsten Schritt zu tun;
bin allein, niemand da, den ich begleite;
komm' äußerst zäh voran, möchte oftmals ruh'n.

Blick mich häufig um, will wissen, wo ich bin,
doch hier ist's wirklich schwer, den rechten Weg zu finden;
und finde ich ein Zeichen, so deutet's zu mir selber hin!
Wär' manchmal froh, mich einfach raus zu winden.

So ungewiss, die Suche nach dieser, meiner Grenze,
erblick' sie nie; ich kann sie einfach nie erspäh'n,
kann vor ihr, ja gar auf ihr steh'n!
Seh' nicht mal ihre Ränder – Sie entzieht sich mir zur Gänze,

Sie bleibt stets unsichtbar für meine Augen,
kann nur versuchen, ihre Lage zu ertasten;
im Zwergenschritt mich ihr zu nähern – bloß kein Hasten!
Gibt's keine ander'n Schritte, die hier taugen?

Gefühlswelten – Licht und Schatten

Stell´ mir häufig – ja immer wieder diese Frage,
in deren Antwort offenbar der Wahrheit Schlüssel steckt!
Doch niemals kommt es vor, dass ich mir sage,
ich hätt´ der Wahrheit Schlüssel echt entdeckt!

Denk´ mir so oft, ich hätt´ die Antwort schon parat,
könnte SIE in dieser lichten Weite ganz exakt bestimmen,
doch diese Weite, sie ist in Wirklichkeit ein steiler, schmaler
Grat,
hier gibt´s kein einfaches „Drauf-Los" – ich muss ihn zäh
erklimmen!

Auf beiden Seiten meines Weges bröckelt dieser steil hinab,
bin schon mehrmals hingefallen –
entkam dem Abgrund denkbar knapp,
bin über seinen Rand gestolpert;
musst am Weg zurück dann alle Kräfte in mir ballen!

Geb´ mir hinan am Weg zur Grenze stets selber meine
Richtung vor,
geb´ mir selbst Verantwortung in jedem meiner Tritte,
muss mir selber deuten: „So weit klimm ich empor!"
Bestimm´ sie selbst, die Anzahl meiner Schritte!

Gefühlswelten – Licht und Schatten

Doch schon so oft ist mir mein Tun misslungen,
hab´ meine Grenze nicht bemerkt;
bin durch maßlos´ Ehrgeiz über sie hinweggesprungen;
war wohl durch Übermut gestärkt!

Die Konsequenz: Zurück zum Start!
Wenn´s gut geht, beginn ich allenfalls ein Stück danach,
wobei – der Weg hinan ist doppelt hart,
denn im Huckepack steckt auch noch Schmach.

Mühsam ist der Weg hinauf ohne jede Wegbeschreibung;
ungewiss der Anstieg auf dem steilen kargen Pfad,
finde Unbekanntes hinter jeder unscheinbaren Abzweigung;
fühl´ mich unsicher auf diesem schmalen Grat.

Führ´ mich allein an meiner eig´nen Hand
durch diese dunklen Schwaden voller Sorgen;
blick mit Argwohn über meines Grates Rand,
doch schau mit Mut zum nächsten Morgen!

ein herber Rückschlag

(Auszug aus einem Dialog mit meinem Herz)

Nein..., nicht schon wieder,
nicht schon wieder diese Schmerzen,
als steckten Nadeln tief im Herzen
und drängten Feuerzungen vor in meine Glieder.

Jeder Atemzug schnürt diese Nadeln enger ein,
treibt sie fester in des Herzens Mitte
und mein Herz hält hart dagegen, mit der Bitte,
ja dem Flehen: *„Lass mich nicht allein!*

So bitte kümm´re Dich um mich,
lass mich dieses Leid nicht mehr ertragen,
befreie mich von diesen Plagen!
So hilf mir doch, ich bitte Dich!"

I:

„Mein Herz, ich lass Dich nicht im Stich,
ich verspreche Dir, ich werd´ die Qualen zähmen,
und Deine Bürde von Dir nehmen,
von Deinem Schmerz befrei´ ich Dich.

Gefühlswelten – Licht und Schatten

Ich will Dir all die Zeit bescheren,
die es braucht, um Dich dem Leiden zu entreißen,
doch dafür muss ich wissen, was diese Schmerzen heißen
und warum sie jetzt so heftig wiederkehren.

Ich werd´ Dich hören, innig lauschen,
ohne Zeitnot, ohne Hetzen,
mich nochmals tief in Dich hineinversetzen,
um mich dichter mit Dir auszutauschen.

Was fühlst Du nun mein Herz, was ist es, das Dich quält?
Was verursacht dieses Stechen?
Was könnte Deinen Rhythmus brechen?
Was ist es nur, das Dir zum Einklang fehlt?"

H:

„Ich fühl´ mich eingeengt in Deiner Brust,
die Last auf mir erdrückt mich fast,
versetzt mir Stiche ohne Rast,
nimmt mir meine Lebenslust.

Muss mich plagen, muss mich wehren,
mir mit Kampf den Raum verschaffen
entgegen diese spitzen Waffen,
die sich in deren Anzahl mehren

und sich grad zu einem Pakt verbünden,
der mich – so stark – fast niederringt
und mich zu diesen harten Schlägen zwingt,
die erst Kränkung und dann Wut verkünden."

Will endlich wie ein Freigeist schweben,
fröhlich-munter in den Tag reinschlagen –
so wie früher in den Kindheitstagen,
ganz unbekümmert mit Dir leben!"

I:

„Woher die Schmach, so sprich zu mir!
Was hat Dich diesmal so gekränkt?
Was ist gescheh´n, das Dich so zwängt?
Was ist die Ursache für Deinen Schmerz?"

H:

„Gedemütigt wie nie zuvor,
zum Leid gezwungen wurde ich.
Gar niemand bat und fragte mich,
niemand schenkte mir sein off´nes Ohr!

Ich wollte nicht – doch musst´ ich hin,
all mein Flehen half mir nichts.
Wie am Pranger eines Dorfgerichts,
wüstest lästern sie – und ich in mitten drin –

Gefühlswelten – Licht und Schatten

begaffen und verspotten mich,

verlachen meine Lebenswerke

und glauben gar, dass ich´s nicht merke,

denn sie sehen ja nur DICH!

Schwach durch diese Schmach

fällt mir nun jeder Schlag im Alltag schwer

und so sehr ich jeden Tag begehr´,

diese Kränkung hinkt noch lange nach!"

die Sache mit der Verwirrung

(oder der Antrag zum Antrag)

Neulich in einer Institution.
Mein Termin war fix um 14 Uhr!
<u>I:</u> (schon etwas ungeduldig)
„Die ist doch da, was macht die nur;
Lässt mich zappelnd warten – 15:30 schon!"

<u>F:</u> (geradeaus und halbwegs schroff)
„Nächster! – Nummer Zehn!"
Wenn ich jetzt dieser Nächste bin,
wo ist dann dieser vor mir hin –
ist der am end vielleicht noch drin?
Das kann ich jetzt nicht ganz versteh´n!

Na gut, ich hab´ die Zehn, ich geh´ halt rein...
<u>I:</u> (doch etwas echauffiert)
„PUH – ist das hier das Raucherzimmer?"
Die Luft so dick, es geht kaum schlimmer
und so ein Lärm – ärger als beim G´sangsverein.

Naja, ich folg´ ihr halt und setz mich mal;
gleich ist´s vorbei!
Aus vorbei, die Warterei
und Schluss mit diesem Hitkanal,

59

mit dem sie dir das Hirn weich grillen!
Beleidigt furchtbar tief den Intellekt
und egal wer hier den Kopf rein streckt
er macht dies sicher nicht aus freiem Willen.

Oh, sie schaut mich an und spricht zu mir.
Von ihrem Mund entfleuchen dichte, weiße Schwaden,
mit Grüßen aus dem Tabakladen.

F: (überaus abweisend)
„Was muss ich tun, was woll´n Sie hier?"

I: (wundernd, höflich bleibend)
„Dieses Formular hier möcht´ ich Ihnen geben.
Ich bin doch richtig hier bei Ihnen,
kurz ist´s mir nämlich falsch erschienen,
weil da verwirrend viele Schilder kleben,

die mir nicht wirklich sinnvoll scheinen
und 14 Uhr ist´s auch vorbei
seit knapp zwei Stunden Warterei.
`s wär fein, wenn´s rasch geht – möcht´ ich meinen!

F: (derb, barsch)

„Dann geb´n Sie mal den Antrag her!",

tönt harsch die Stimme aus dem Nebel,

plump verweisend auf ihren läng´ren Hebel,

siegessicher – mit Gewähr!

Ich sitz´ noch ruhig da – zurückgelehnt,

während sie entfernt auf Tasten hämmert,

die nächste Glut im Nebel dämmert.

Hab´ mich schon lang´ nicht so nach Luft gesehnt!

Der große Zeiger kreist schon weit nach Vier

und ihr Finger schwindelnd über Tasten,

frei nach dem Motto: *„Nur nicht Hasten!"*

Ich frag´ mich nur: *„Was mach´ ich hier?"*

...und vielleicht noch, was passierte,

wenn man diese Tastatur mal drehte

und kurz mal feuchter Wind rein wehte?

... ob sich die Asche dann verschmierte?

F: (etwas derber und barscher, wie aus der Pistole geschossen)

„Geburtsdatum!"

Jäh wird mein Mitleid mit den armen Tasten unterbrochen

und mir mit rohem Laut ins Herz gestochen.

Ich entgegnete halb wach: *„Warum?"*

F: (noch etwas derber und barscher)

„Na so halt, ich muss da noch was schau´n!"
Es wäre ganz leicht auf dem Blatt zu finden,
begann ich mich vom Stuhl zu winden,
den Dunst vor ihr zu schneiden und mich langsam vor ihr
aufzubau´n.

I: (entrüstet)

„Hier ganz groß, hier neben Stadler!"
Mein dicker Faden der Geduld war prompt gerissen;
blanke Wut betäubte mein Gewissen.
„Da, da steht´s doch neben Stadler!"

Musste mich nun arg zusammenreißen,
um nicht komplett die Fassung zu verlieren,
in diesem Zustand ärgstens explodieren
und die ganze Sache einfach hinzuschmeißen.

„Für Sie persönlich noch einmal:
Neunter Oktober Neunzehnhundertundvierundsiebzig!"
Ich war voll in Rage, äußerst hitzig;
aber nahm mich dann doch zurück – mit großer Qual.

Gefühlswelten – Licht und Schatten

Während sie die Neun wie Stein behandelt´,
las ich die Sprüche an den Wänden,
dacht´ mir: *„Hier darfst Du nicht mehr enden,*
hier wird nicht nur Dein Tag verschandelt,

sondern sinnlos Lebenszeit geraubt,
einfach sinnlos…" – *„Nein Herr Stadler, leider nicht!",*
bläst sie mir rauchend ins Gesicht,
„Ich hab´ in Ihrem Akt geklaubt

und festgestellt, dass da noch nie ein Antrag lag;
… und ich bin hier am letzten Stand;
Ihr Antrag wird nicht anerkannt,
Sie brauchen zuerst den Antrag zum Antrag!"

Dieses Meer an Rauch, es bracht sich über mir,
wurde zu einer trüben Brühe fragender Zeichen
… und meilenweit kein Ufer zu erreichen.
Glaub´, … nicht mal Hoffnung gibt es hier!

I: (entrüstet)
„Hab´ ich geträumt, gar falsch gehört,
würden Sie mein Trüb erhellen?!
Ich muss erst den Antrag zu dem Antrag stellen?
Kann doch nicht sein – ich bin empört!

Gefühlswelten – Licht und Schatten

Hier ist´s die eine Hand, die nur Verwirrung stiftet,
die and´re weiß ü-ber-haupt-nicht was sie macht,
die Dritte übt sich dreist in Niedertracht
und darüber liegt der dichte Rauch, der diese Luft vergiftet!"

Ja – Verwirrung stiftet Verwirrung,
erschafft sich quasi selbst,
fördert sich demnach selbst;
und stiftet Verwirrung Verwirrung,

ist man jedenfalls noch mehr verwirrt,
als man vor Verwirrung war,
doch war vor Verwirrung alles klar?,
als man noch nicht verwirrt umhergeirrt?

Verwirrung stiftet Verwirrung – und die noch mehr von
Ihresgleichen.
Man besinnt sich, sucht verwirrt der Sache Kern,
irrt verwirrt herum, umkreist ihn wirr, verliert sich gern,
schwirrt hilflos Irresgleichen

weg von der allgemeinen Verwirrung
im einem irren Verwirr – Gewühl
hin zum ureig´nen Wirr – Gefühl;
reduziert Verwirrung etwas wirr um Ver und ung.

Gefühlswelten – Licht und Schatten

Wofür war noch mal der Antrag?

...und wofür dann dieser Antrag zu Selbigem?

War das klar, oder eher hin verirrt zum „Wirr"?

Moment, wie war das nochmal vorm Wirrwarr,

als ich noch nicht hier war?

Was hab´ ich denn getan? War ich dazumal gar irr?

...oder bin ich´s jetzt durch das Gewirr

ob der Verwirrung, die nur noch mehr Verwirrung stiftet!

Ob mein Geist jetzt in die Irre driftet?

Ob ich mich hier am end verirr?

Kann simple Verwirrung zu dieser Irre führen,

sodass ich gar nichts mehr kapiere,

verwirrt verirrt den Sinn der Sache ganz verliere?

Oder kann Verwirrung gar von irr herrühren?

Ich wollt´ doch nur den Wisch abgeben

und nicht dies Irrenhaus erleben!

Oh Schreck!

Ein seltsam' Zirpen dringt durchs Zimmer,
beginnend schrill, gleich schreiend hell,
bogig fidelnd, demnach grell,
darüber tönt der Kerzen Schimmer.

Schwerlich auszumachen diese Quelle,
beim kleinsten Wink verstummet sie.
Verstumme ich, erwachet sie.
Ich horch genau! Wo ist die Stelle?

Zeternder Schall in Wellenschüben,
streift hie und da der Pflanzen Grün,
ein Wandstück hilft ihm aufzublüh'n.
Ich glaub, er sprießt vom Fenster drüben!

Ich erhebe mich – schon wieder stumm;
lausche, drehe mich zum Fenster um,
lausche wieder, … zwei, drei Atemzüge lang,
dann gleich wieder dieser Klang.

Beweg mich, satz' zum Fenstervorhang hin,
Zirpen weg, unhörbar, weg aus meinem Sinn!
Und noch einmal das gleiche Spiel,
ich still – der grellen Töne viel!

das Zirpen immer greller schrillt,
Ton um Ton zu mir her quillt.
Ruhig musternd, fensterwärts mein Blick,
schleich behände samt Geschick...

das Zirpen laut und schrill und heller,
kürzest bogig fidelnd, demnach greller –
bin schon nah am Falteneinschlag dran,
als ich – so sachte ich halt kann

die rechte Hand zum Vorhang streck`,
den Vorhang sanft vom Fenster weg bewege,
ihn behutsam faltig lege,
bis ich ihn am end entdeck:

Da zirpt ein Kleinschreck ziemlich keck
gut getarnt als Vorhangfleck!
Und als ich meine Hand hinstreck`,
da hüpft er nun zu meinem Schreck
heftig fiedelnd bogig weg.

vorm Fenster

Ringsum – alles ruht in winterlicher Pracht.
Jeder Baum, ein jeder Strauch in Weiß gehüllt.
Junge Flocken sind aus ihrem Schlaf erwacht,
manch' Kinder Traum ward über Nacht erfüllt.

Überall erwachsen langsam Flockenhauben,
allmählich senkt sich Stille übers Land.
Man möcht' die Natur fast leblos glauben,
so dicht umhüllt sie sein Gewand.

Doch seht, allmählich flattern bunte Flecken
von da und dort, von allen Seiten in das kahle Bild.
Farbige Hälse beginnen sich zu strecken,
grelle Schnäbel picken reg' und wild.

Stets pünktlich – ihr braucht nicht auf die Uhr zu seh'n -
erscheint um sieben Uhr die Meise.
In Blau und Schwarz eröffnet sie das Freßgescheh'n;
pickt sogleich an einem Knödelchen – ganz leise –

als wollt' sie niemand' damit wecken.
Ganz sachte erobert sie sich jeden Kern;
fast ein Programm um abzuspecken,
vergleicht man es mit dem von jenem Herrn,

der nebenan auf seinen Knödel hämmert
als ob´s für ihn kein Morgen gäbe.
„Völlig egal, dass erst der Morgen dämmert,
ich bin Specht, bin bunt, ich lebe!"

Wie wachgerüttelt von dem Hacken
landen im Geschwader unterm weißen Flieder
eine Hand voll Finken mit grünen Backen,
gefolgt von solchen mit rötlich - grauem Gefieder.

Letztere, die man auch Buchfinken nennt,
versinken fast im dichten, winterlichen Kleid;
sie hüpfen energisch – jedoch mehr hoch als weit,
sodass man sie stets an ihrem Häubchen erkennt.

Während die da drunten fast im Schnee versinken,
bevölkern Zeisige das reich gedeckte Vogelhaus,
schlemmen kaiserlich beim Morgenschmaus
und schmeißen eifrig Körner zu den Finken.

Inmitten der geschäftig schnäbelnden Zeisigschar
blitzen zwei Stieglitze mit schillerndem Kleid heraus;
erweitern den bunten Reigen im Vogelhaus,
bringen kräftige Farben ins noch frühe Jahr.

Gefühlswelten – Licht und Schatten

Ein wahres Schnäbeln und ein Schlabbern
dort an den Knödeln, im Häuschen und darunter;
man möcht' gar meinen, es ginge nicht mehr bunter,
es gäbe bald nichts mehr zu knabbern

und auch keinen freien Platz zum Murren.
Da erobert just des Vogelhauses Flockenhaube
im Flatterflug eine wahrlich fette Türkentaube;
beginnt – so laut es geht – mit Spott zu gurren.

Klingt fast danach, als würd' sie schelten.
Es scheint ihr jedenfalls nicht recht zu passen,
dass all die Schnäbel wenig überlassen
und hier nur schlechte Sitten gelten.

Die Knödel am Flieder sind schon ziemlich leer,
das Vogelhaus, es quillt vor Schnäbeln über,
am Boden geht's im Schnee mehr drunter als drüber,
da kommen wie aus dem Nichts auch noch die Spatzen
daher.

Stets in Begleitung der schlechtesten Manieren
vertreibt diese freche Horde von Spatzen
die meisten Gäste allein durch ihr Schmatzen.
Sie machen lautstark klar, dass SIE jetzt hier regieren.

Der Vögel Reigen begann so ruhig und leise
durch den frühen Flug der Meise,
wurde bunt erweitert durch immer neue Vogelkreise
und endet dann – auf eine eher nicht so sanfte Weise
durch einem jähen Satz der Katze.

wie viele Tropfen

Werte Frau von nebenan!
Ich denk´ mir dann und wann,
wie viele sind es wohl, wie viele Tropfen,
die heut´ an meine Scheibe klopfen?

`s sind sicher tausend an der Zahl,
die stets im Takt ans Fenster springen
und kurz darauf beim nächsten Mal
bereits wie hundert kleine Bächlein klingen,

die unweit von einander fließen;
dort eifrig weit´re Bächlein suchen.
Und ward dann eins gefunden,
wird da und dort ein Flüsschen sprießen;

manche seh´n gar aus wie Streuselkuchen,
eins läuft gerade, eins verwunden,
bevor sie alle in die Traufe klirren
und haltlos durch die Rinne irren.

Zeit des Erwachens

Vorbei sind sie, die langen Wintertage;
vorbei ist`s mit der kalten, tristen Zeit;
zu lang` war sie uns eine Plage,
der Frühling sagt uns jetzt Bescheid.

Alsbald die ersten Sonnenstrahlen
wilde Schatten in die Landschaft malen,
alsbald die Sonne Wärme spendet,
der düst´re Teil des Jahres endet.

Endgültig weicht das winterliche Kleid,
Grün wird die Landschaft nun erwachen;
nun sag` Ade der Einsamkeit,
denn Freude wird in Dir entfachen.

Süßes Flair liegt in der Luft,
alles fängt allmählich an zu blüh`n;
Blumen spenden wahren Frühlingsduft,
Blätter zeigen sich in sanftem Grün.

Der Vögel Zwitschern begleitet Dich auf Deinen Wegen,
des Winters Stille ist schon längst verhallt;
es ist nun Zeit, den Kummer abzulegen;
merkst Du es, wie sich Leben in Dir ballt?

Gefühlswelten – Licht und Schatten

Fühlst Du es, wie die Sonne Dich berührt,
wie sie tief in Dich eindringt,
welch` Freude sie Dir bringt,
wie sie Dich mit ihrer Liebeslust verführt?

Nun ist es an Dir, Gedanken neu zu fassen,
etwas für Dich selbst zu tun;
den Lebensgeist für Dich wirken zu lassen,
denn der Frühling lässt keine Zeit zum Ruh`n.

an Deiner Tür

Klopfklopf, klopfklopf, …
so pocht mein Herz an Deine Tür,
mein Liebchen, so gewähre mir

bei Dir ein wenig Rast,
ein wenig Ruh´ von steter Hast;

Zeit an Deiner Seite wünsch ich mir.
Klopfklopf, klopfklopf, …
mein Herz, es ist bei Dir!

Liebste!

(oder: von mir zu Dir)

Der Weg zu Dir, er war nicht weit –
von mir zu Dir, zum Miteinander.
Vom Tür zu Tür, zum Füreinander,
da stand in Wahrheit nur die Zeit.

Die Zeit, um die Distanz zu überwinden,
um Dich behutsam zu entdecken,
mein Meer an Freude zu erwecken
und ständig einen neuen Teil von Dir zu finden.

Größe, Edelmut, Verbundenheit,
sei 'n and 'rer Mühen noch so schwer,
Du nimmst Dir Herz für ihr Begehr,
beschenkst sie reich mit Deiner Zeit.

Wärme, Halt, Geborgenheit,
all Deine Liebe lässt mich hoffen.
Mit großem Herz stehst Du mir offen,
hältst reichlich Platz für mich bereit.

Gefühlswelten – Licht und Schatten

Freude, Frohsinn, Heiterkeit,
ja Lebenslust erfahre ich durch Dich.
Mit Deinem Lächeln stärkst Du mich,
tilgst hoffnungsvoll mein Leid.

Nähe, Liebe, Zweisamkeit,
Du lässt mich Dich in Liebe spüren,
vermagst behutsam mich zu küren,
zeigst Dich für mich bereit.

Von mir zu Dir, zum Miteinander –
der Weg zu Dir, er war nicht weit.
In Wahrheit stand da nur die Zeit,
vom Tür zu Tür, zum Füreinander.

Ausblick (Nachwort)

… und genau hier befinde ich mich jetzt:
Am oberen Rand einer saftig-grünen Bergwiese, einem Ort mit herrlichem Ausblick. Ein wunderbares Fleckchen, um ein wenig innezuhalten. Ich verweile hier auf einer leicht verwitterten hölzernen Bank. Unmittelbar dahinter thronen drei mächtige Lärchen, die den schnittigen warmen Wind, der von den Bergflanken hinter mir in Richtung Tal zieht etwas besänftigen. Dabei wiegen sich ihre Äste bei jeder Böe und geben ein üppiges Rauschen von sich. Neugierig schaue ich in diese malerische Landschaft. Zu meinen Füßen liegt diese weitläufige leicht wellig-hügelige Bergwiese. An ihrem unteren Saum sind die Ausläufer des dichten, steilen Hangwäldchens zu sehen, das ich unlängst durchschritten habe. Dahinter öffnet sich das weite, trübe, schattige Tal, das ich nach meiner langen und anstrengenden Reise hinter mir gelassen habe. Rings um mich herum wächst und gedeiht die Natur. Fauna und Flora zeigen sich in all ihrer Pracht. Da flattern bunte Schmetterlinge knapp über dem farbenfrohen Blütenmeer, tänzeln von Blütenkelch zu Blütenkelch. Vereinzelt summen emsige Bienen auf ihrer Suche nach köstlichem frischem Nektar. Augenblicklich tuckert ein fetter Käfer in leichter Schräglage an meinem linken Ohr vorbei, zieht wohl hinunter zur reich gedeckten Futterwiese. Dort bewegen die steten Böen, die von den Bergflanken hinter

mir talwärts drängen, die Halme der Gräser, der Kräuter und Blumen in regelmäßig wiederkehrendem Rhythmus. Ein wiederkehrendes sanftes auf und ab. Fröhlicher Vogelgesang untermalt dieses herzerfrischende Schauspiel. Ich atme tief ein und kräftig aus. Die frische Bergluft erfüllt mich. Sie dringt tief in meinen Körper ein und erfüllt mich mit neuer Energie. Eine wahre Freude, nach all dieser Mühsal hier zu rasten und die Natur in all ihren Facetten genießen zu dürfen. Dieses Schauspiel auszukosten und mich mit dieser wohltuenden Pause zu beschenken. Genau hier scheinen Ort und Zeit zu passen, um ein wenig zu reflektieren, was ich alles geschafft habe und wer ich wirklich bin. Der rechte Moment, um mir die Frage zu stellen, was ich denn wirklich will. Und der richtige Augenblick, um mir darüber hinaus meinen weiteren Weg zu wählen.

Welchen dieser verlockenden, spannenden Wanderwege, die von hier in Richtung Gipfel führen, will ich weiter gehen? Mit Vertrauen in mich und meine Fähigkeiten suche ich nicht mehr den aus, den ich muss, sondern wähle mir genau den, den ich gehen will. Ich entscheide mich für den Weg, der mir gemäß ist und der zu mir passt.

Auf diesem mühsamen Pfad durch das Tal der Depression über diesen steilen Hangwald hin zu dieser fruchtbaren Bergwiese habe ich großes Leid erlebt. Ich habe viele trübtriste Phasen durchgestanden und erfahren, wie präsent innere und von außen auferlegte Zwänge sind. Wie stark ich vom Zwang des „Tun-müssen" gesteuert worden und wie ausgeliefert ich tief verankerten negativen Gedankenmuster gewesen bin. Diese Prägungen aus früheren Zeiten haben mich mein Leben in der dunkelsten Phase fast aufgeben lassen.

Aber selbst am tiefsten Punkt dieses Tales habe ich Sonnenstrahlen gefunden, die mich mit neuer Kraft, die mich mit neuer Hoffnung wieder aufraffen und fortschreiten haben lassen. Sie haben mich einer um den anderen genährt und mich einen Schritt nach dem anderen tun lassen. Auf dieser scheinbaren Odyssee durch Burnout und Depression habe ich Sonnenstrahl um Sonnenstrahl gesammelt, von denen mich jeder weitere dieser positiven Momente mehr im Glauben an mich gestärkt hat. Mit ihrer Hilfe habe ich mich dorthin gehangelt, wo ich jetzt bin. Aus eigener Kraft und dank der Unterstützung meiner liebevollen Partnerin, meiner sorgsamen Eltern und treuen Freunde sowie meiner einfühlsamen, kompetenten Psychotherapeutin habe ich mein Burnout und meine schwere Depression überwunden. Ich habe sie nicht nur überwunden, sondern bin durch die Auseinandersetzung mit mir in dieser Ausnahmesituation gewachsen. Mit jeder Hürde, die ich auf dem Weg hinan gemeistert und hinter mir gelassen habe, bin ich ein Stück weiter gekommen und gewachsen. Ist es am Anfang der erste selbstständige Schritt in den Gängen des Krankenhauses gewesen, der mir Hoffnung auf einen weiteren gegeben hat, so ist es nun beispielsweise die Anerkennung durch Personen, die ich trainiere, die mir neue Freude bereitet und mich auf meinem Weg bestärkt. Ich bin mir bewusst, dass ich während der letzten Jahre immens viel geschafft habe. Ich habe diese Krankheit überwunden, mich beruflich komplett neu ausgerichtet und Schritt für Schritt wieder mehr von meinem Leben zurückgewonnen. Ich bin mir allerdings auch bewusst, dass ich nach all diesen Strapazen nach wie vor ausreichend Zeit für mich zur Regeneration und Stärkung brauche.

Die Schatten, der Wolkendecke sind nahezu verflogen. Nur hin und wieder tauchen noch Wölkchen am ansonsten klaren Himmel auf. Jetzt gerade genieße ich diesen wunderbaren Moment. Erfüllt von dieser Stimmung werde ich wohl noch ein bisschen hier auf dieser Bank verweilen ...

Werte Leserin, werter Leser!

Für etwaige Rückmeldungen zu diesem literarischen Werk habe ich folgende Emailadresse eingerichtet:

gefuehlswelten@gmx.net

Über tredition

Der tredition Verlag wurde 2006 in Hamburg gegründet. Seitdem hat tredition Hunderte von Büchern veröffentlicht. Autoren können in wenigen leichten Schritten print-Books, e-Books und audio-Books publizieren. Der Verlag hat das Ziel, die beste und fairste Veröffentlichungsmöglichkeit für Autoren zu bieten.

tredition wurde mit der Erkenntnis gegründet, dass nur etwa jedes 200. bei Verlagen eingereichte Manuskript veröffentlicht wird. Dabei hat jedes Buch seinen Markt, also seine Leser. tredition sorgt dafür, dass für jedes Buch die Leserschaft auch erreicht wird

Autoren können das einzigartige Literatur-Netzwerk von tredition nutzen. Hier bieten zahlreiche Literatur-Partner (das sind Lektoren, Übersetzer, Hörbuchsprecher und Illustratoren) ihre Dienstleistung an, um Manuskripte zu verbessern oder die Vielfalt zu erhöhen. Autoren vereinbaren unabhängig von tredition mit Literatur-Partnern die Konditionen ihrer Zusammenarbeit und können gemeinsam am Erfolg des Buches partizipieren.

Das gesamte Verlagsprogramm von tredition ist bei allen stationären Buchhandlungen und Online-Buchhändlern wie z. B. Amazon erhältlich. e-Books stehen bei den führenden Online-Portalen (z. B. iBookstore von Apple) zum Verkauf.

Seit 2009 bietet tredition sein Verlagskonzept auch als sogenanntes "White-Label" an. Das bedeutet, dass andere Personen oder Institutionen risikofrei und unkompliziert selbst zum Herausgeber von Büchern und Buchreihen unter eigener Marke werden können.

Mittlerweile zählen zahlreiche renommierte Unternehmen, Zeitschriften-, Zeitungs- und Buchverlage, Universitäten, Forschungseinrichtungen, Unternehmensberatungen zu den Kunden von tredition. Unter www.tredition-corporate.de bietet tredition vielfältige weitere Verlagsleistungen speziell für Geschäftskunden an.

tredition wurde mit mehreren Innovationspreisen ausgezeichnet, u. a. Webfuture Award und Innovationspreis der Buch-Digitale.

tredition ist Mitglied im Börsenverein des Deutschen Buchhandels.